中小学生生活知识普及读本

中学生
预防校园欺凌知识
读本

杨静玲　编著

吉林出版集团股份有限公司 | 全国百佳图书出版单位

目录

身体欺凌

飞来的香蕉皮 4

被勒索要钱 6

为什么球总是砸向我 8

遭受暴力 10

恶作剧 12

他不愿意做那些事 14

被同学性骚扰 16

不想要做的事 18

被人翻书包 20

抢夺手表 22

被强迫化丑妆、拍照 24

语文书变成了纸飞机 26

言语欺凌

被同学贬低 28

恐　吓 30

被嘲笑皮肤黑 32

被造谣是同性恋 34

被小霸王盯上了 36

被诬陷偷了同学的东西 38

被嘲笑脸上有痘痘 40

没妈的孩子 42

被散布谣言得了传染病 44

被嘲讽家里穷 46

隐蔽欺凌

书上的留言 48

作业本上的漫画 50

我们是朋友 52

他是大家取乐的对象 54

被排斥了 56

被捉弄了 58

被室友孤立 60

通讯欺凌

收到了匿名骚扰短信 62

烦人的短信 64

烦人的骚扰电话 66

网络欺凌

收到了恶毒的私信 68

他收到了恶毒的邮件 70

恐吓邮件 72

吐槽的网页 74

她被偷拍了照片 76

被恶意 p 图 78

前　言

校园欺凌现象屡禁不绝，发生在各地的校园欺凌事件屡屡挑战人们的道德底线，深深刺痛着我们的内心，校园欺凌已经成为危害当今中小学生身心健康的最大隐患。本书以中小学生为读者对象，以校园欺凌的基本常识、怎样预防和处理校园欺凌事件为主要内容，向他们普及校园欺凌预防处理知识，内容全面准确，方法科学实用，为中小学生预防和处理校园欺凌事件提供知识参考和科学的方法指导，做到有备无患，增强自身意外预防和安全保护意识。

身体欺凌

飞来的香蕉皮

情景再现

　　珊珊学习成绩很好，课堂上她积极举手回答老师的问题，遇到很难的问题，其他同学都答不上的时候，老师也会提问她，她总是能给出正确的答案。为此，有些同学十分嫉妒她。一天，她去图书馆，经过食堂附近的长椅时，她感觉有什么东西打在了她的后背。她回头看见地上有一个香蕉皮，几个同学正在笑。她看了他们一眼，但这些人并没有感到抱歉的意思。

小提示

　　如果遭遇欺凌，你要尽力避免让欺凌者看到他们想要达到的效果。你要简单明了地阐明自己的立场，微笑，然后走掉。有时候，如果欺凌者发现自己的言语和行为并没有产生什么效果，他们可能就不会再继续了。

应对策略

1. 当自己一个人遇到突发欺凌的时候，要尽快走开。通常欺凌者只是借机发泄不快，如果你没有反应，对方往往不会再纠缠。如果对方突然出手或者追逐，要立刻向最近的人群跑过去。

2. 不要害怕向外界寻求帮助的行为会造成更坏的结果，当自我能力无法解决被欺凌的时候，应该主动积极地将受到欺凌的事情向第三方求助。常规的求助对象有父母、老师、学校、社会公益组织、执法机关等。

3. 你要努力让自己看起来不是一副任人宰割的样子。欺凌者总是选那些看上去比自己弱的人下手，所以，面对欺凌者，你要目光坚定，保持沉着冷静，腰杆挺得笔直，传递出"我也不好惹"的信息，或者直接告诉对方"你这样做是不对的，老师知道了会批评你的"。

被勒索要钱

情景再现

鹏鹏的家里很富裕，平时吃的、穿的、用的都比其他同学好一些。几个高年级的学生因此盯上了他。这天，鹏鹏放学后独自一人往家走。刚出校门，这几个学生就出现了，其中一个长得比较凶的男生冲他说："穿得挺好嘛，家里挺有钱的吧？哥们儿我这几天缺钱花，跟你借点儿，行吗？"鹏鹏看着他们人多，自己无法逃脱，就记下了他们每个人的特征，然后把身上的钱给了他们。等他回家后，他把这件事告诉了爸爸妈妈，并随爸爸妈妈到派出所报了案。

小提示

如果遭遇陌生人索要财物，要沉着冷静，想办法与对方周旋，拖延时间，使自己能够看清楚对方的相貌特征和周围的环境，以便能找到脱离险境的有利时机。如果附近有人，可以一边大声呼救，一边向人多的地方跑。如果四周无人，要先答应对方的要求或交出部分财物，事后要及时向公安机关报案。

应对策略

1.如果遇到同学索要钱财时，不要慌乱，要随机应变，想办法逃走。实在不能逃走，也不能逞强去和他们搏斗。

2.为了自身的安全，你可以把钱财先给他们，但是一定要记住对方的显著特征，事后要及时告诉家长和老师。如果情况比较严重，还要到公安机关报案。及时报案，会使欺凌者受到应有的惩罚，及时制止他们对你的侵害，而且能最大限度地挽回已经受到的经济损失。

3.注意保护自身安全。欺凌者在实施勒索前，都是经过一番充分准备的，所以一定不要鲁莽行事，要沉着冷静，随机应变，寻找机会脱离险境。在未脱离险境的情况下，切不可当着欺凌者的面声称要报警。

为什么球总是砸向我

情景再现

安迪是个喜欢安静的孩子，学习成绩特别好，是老师、家长眼中的"乖孩子"。可"乖孩子"也有自己的烦恼，他的校园生活并不开心。同学们表面对他都很客气，可却让他感觉很疏远。最近更是发生了一件奇怪的事。午休的时候，只要安迪从操场路过，球总会"不小心"朝他飞过来。玩球的当然是他们班的男生，他们会嬉闹着从安迪身边捡走球，再随口说声抱歉。安迪觉得自己就像一个被嘲弄的"笨蛋"。

小提示

欺凌者盯上受害者通常没有什么理性的原因，主要是因为他们想寻求掌控感。所以欺凌往往与欺凌者有关，与受害者无关。但是在这个过程中，受害者的心理常常会遭受严重的打击。受害者要告诉自己，你没什么不好，不要总纠结在被欺凌的过程和情绪中，要有信心应对欺凌，让环境变得可控。

应对策略

1. 身体语言是一种有效的行为。面对欺凌者时，一定要抬头挺胸，眼神不要躲闪，与欺凌者直视，让他们感觉到你的自信，从而重新获得控制权。

2. 不要让欺凌者感到你的挫败，他们会觉得计谋得逞，因此而满足。可以表现出一副不以为然的样子，或者以玩笑的口吻说："脚法真臭！"简单明了地表明立场，微笑，然后走掉。

3. 不到欺凌者经常出现的地方去，这是避开欺凌者最有效的方法。如果实现起来有困难，或者有回避不开的理由，尽量找亲近的朋友陪同，这样就不必独自面对欺凌者了。

遭受暴力

📝 情景再现

（一）

15 岁女生小薇看到陌生人靠近，就会浑身发抖，蜷缩起来说"别打我"。而她这样的反应，是因为连续遭受同宿舍 5 名女孩的殴打。有一天晚上，小薇只是因为从上铺下来的时候不小心踩到了下铺同学的床单，就被其他 5 名舍友踹倒在地。

（二）

16 岁的初三学生小黄，在结束中考数学科目考试后，忍着剧烈腹痛继续参加中考，考试结束后才向父母道出了一个藏了 1 年多的秘密：自上初三起，他就经常被其他同学无故殴打。

📢 小提示

在学校与同学有了冲突，不要激怒对方，遇到情形不对最好先避开，如果情形比较严重，最好跑开，不要觉得害怕，很难为情和丢人，这样最起码能避开直接的人身伤害。

应对策略

1.如果遇到校园暴力，要采取迂回战术，尽可能拖延时间。如果是在人多的地方，可以大声呼救，引得路人围观，获得别人关注。说话时一定要认真揣摩对方的心思，可以顺从对方的话，分散对方的注意力，同时获取信任，为自己争取时间，寻找机会逃走。

2.遭遇校园暴力时，要学会保护好自己，不管遇到什么情况，人身安全永远要放在首位，最好别去激怒对方，以防对方发怒伤害到自己。

3.遭遇校园暴力，一定要和家长、学校老师说明情况，由学校来对施暴者进行处分，千万不能想着以暴制暴，那样的做法是不对的。

110...

4.受到校园暴力以后，不要因为害怕被报复而不去报案，要第一时间去公安机关报案，以法律的方式来解决问题。

恶作剧

 **情景再现**

　　小张和小杨是同班同学，在一节语文课上，班长喊了起立后，坐在小张后排的小杨突然想搞恶作剧，他将小张的椅子偷偷抽开了。而小张就在毫无防备的情况下坐了下去，一下子坐空，向后摔倒，脑部撞到了椅子的边缘。随即，小张感觉到头疼，立刻出现了恶心、头痛的症状。情急之下，小张被送往了医院。

 **小提示**

　　恶作剧，是故意与他人开玩笑、戏耍、互相捉弄的行为。青少年间的恶作剧基本在学校和同龄人之间进行，是为了凸显自己而引起更多人的关注。这种恶作剧纯粹是以满足个人行为乐趣为目的，其他观看或被恶作剧的人不会觉得有趣，而且被恶作剧的人还会因此受到伤害。

应对策略

1. 同学之间相互尊重，尽量少开玩笑，因为一些不起眼的"校园恶作剧"会给他人带来无法挽回的伤害。有时，小小的"恶作剧"甚至会升级为"校园暴力"。

2. 开玩笑之前，一定要明白哪些方面是可以拿来开玩笑的，而哪些方面是不可以开玩笑的。切不可不知深浅，伤到对方。

3. 如果看到有同学要搞恶作剧，你要及时制止，如果制止无效，可以寻求老师的帮助，以此避免不必要的伤害发生。

4. 如果有同学对你搞恶作剧，你要严肃、认真地对他说："不要搞恶作剧！""你这样做是不对的！"

5. 如果情节严重，你受到了伤害的话，要保存好证据，必要时可以向公安机关报案。

他不愿意做那些事

情景再现

飞飞很喜欢交朋友，他经常和朋友们一起聊天，但是，最近他发现他们谈论的一些东西会让他感觉到有点不舒服。有时，他们会对女同学评头论足，言语相当粗俗。他们谈论这些的时候，飞飞总是会稍微躲开一点儿，自己低头走路。后来情况更糟糕了，这些朋友邀请飞飞一块出来玩时，总是说："嘿，飞飞，我们搞了一包烟，你要来一支吗？""不了，我还有点事，先走了。"飞飞努力让自己显得镇定一点儿，尽快离开了他们。

小提示

慎重择友，多交一些品德好的朋友，多交"益友"，不交"损友"。真正的朋友会鼓励你，考虑你的需求，不会因你受挫而嘲笑你。

应对策略

1.明确告诉你的朋友，你绝不会参与欺凌行为。在遇到校园欺凌事件的时候，不管自己是不是主人公，都要勇于拿起手机，把罪证都记录下来，方便在需要的时候拿起法律武器保护自己。

2.正确处理好自己的人际关系，交友要谨慎，不与行为不端的人联系，不与社会上的人交朋友，不要上网交友，更不要网恋；多参加各种有意义的文体活动，远离不良文化。

3.与同学和睦相处，不给同学起绰号，不嘲笑同学，不勒索同学的钱财，不辱骂、戏弄、讽刺、孤立同学，不用暴力手段解决同学之间的矛盾。

4.如果同学之间发生了矛盾，要通过正常的途径来解决，如果自己不能解决的话，可以寻求老师、家长、学校和相关部门的帮助，不要私自寻求社会人员的介入。

被同学性骚扰

情景再现

果果和大华是同桌。夏天，天气特别热，这天，果果穿了一件连衣裙上学。语文课上，果果正在记笔记，突然，她感觉到腿上有点痒，低头一看，原来是大华在掀她的裙子，这可吓坏了果果。她急忙用手去拍打大华，并大声喊："你干什么？"老师听到声音后，急忙赶过来询问情况。

小提示

如果在校外被骚扰，应鼓起勇气，立即警告对方。如果对方不听警告，也可以机智周旋，记住对方的特征，如口音、容貌、个头等，以便报警处理，用法律武器来惩治罪犯。

应对策略

1. 如果有男生摸你或掀你的裙子，你要大声斥责，或狠狠地打他的手、踢他的腿，千万不要退缩或不好意思。

2. 如果在学校遇到性骚扰，应第一时间告诉班主任，让班主任出面解决。如果班主任不处理，可以找到主任或者校长来处理。

3. 如果在校园外面被同学性骚扰，一定要大声喊出来，周围的人会帮助你把欺凌者抓住的，或者他们会帮你报警。

4. 平时最好不要单独与异性待在某个空间内，以免对方有不良企图。另外，不要随便和异性结伴外出，以防落入坏人的陷阱。

5. 如果遇到性侵害，千万不能忍气吞声，要及时报案。必要时可以向学校、社区、律师、社会救助机构、青少年保护机构、正规的心理咨询机构等寻求帮助。

不想要做的事

情景再现

阳阳是宿舍里年龄最小的，也是个头最小的一个，他的其他室友经常让他帮忙做一些事情，如买饭、打水、扫地等等。最开始阳阳是很热心的，可是最近，他发现室友们有点变本加厉了。这天，阳阳躺在床上看书，一个男生对他说："阳阳，把我的袜子洗了。"阳阳真的不想洗，但是他又不好意思拒绝。没办法，他只好去洗了。

小提示

总是违背自己的意愿去做自己不情愿的事情是不可取的，因为一味地迁就，这样不仅助长了一些不正之风，也使得自己变得没有原则性，失去真实的自己。所以当欺凌者强迫你做不愿意做的事情时，要勇敢地拒绝他。

应对策略

1.如果别人要求你做一些你不愿意做的事情，违背了你的原则，并且给你的生活和学习造成了影响，那么不要怕，冲着对方大声地说："不"。拒绝的时候，一定要态度强硬，不要让对方有机可乘，觉得还有缓和的余地。如果你按照欺凌者所说的话去做，那么他更可能变本加厉地欺负你。

2.不要在乎欺凌者的胁迫，不要害怕，要明白遇强则强、遇弱则弱的道理。学会果断，不可瞻前顾后，不要想太多，不愿意一定要直接拒绝。

3.平时要远离欺凌者，并且要多交一些尊重你的朋友。真正的朋友，会互相理解支持，不会勉强你做不愿意做的事情。

4.当你的性格弱点很明显的时候，不妨试着去改变。因为如果你平常是一个害羞、内向的人，欺凌者会比较喜欢欺负你，所以你一定要争气，去改变这一切。

被人翻书包

情景再现

最近，安妮总是感觉她的书包有被人翻过的痕迹，可是东西又没丢，她也就没在意。这天课间，安妮趴在桌子上睡觉，突然听到了哄笑声。她抬起头，发现她的同桌正拿着她的书包向同学们展示她的物品，此时，她同桌拿的是一片卫生巾。安妮觉得羞愧极了，她觉得像是被人曝光了一样。

小提示

当发现别人翻自己的东西时，可以表现出生气的样子，让对方知难而退，不敢继续无所顾忌，也可以严厉制止。但是切记，不要和对方动手，不要骂人。与他进行严肃对话，让其意识到自己的错误，并自觉诚恳地向你道歉。

应对策略

1. 如果发现对方正在翻你的东西，一定要制止对方的行为，对那人进行警告，明确告知对方不能随意翻弄自己的东西，告知对方自己的底线所在。如果不做出反应，以后欺凌者会更加肆无忌惮。

2. 如果对方不知悔改甚至变本加厉，那么就要找老师来解决问题，告诉老师他的行为，让老师教育他。

3. 针对一些贵重物品应该要妥善保管，不能随意摆放。可以在书桌上或者椅子上贴上一张纸条，写上"请勿随意翻动"。

4. 如果发现重要的物品丢失，可以选择报告老师或是直接报警，记住要拍照，保存好证据。

5. 平时注意规范自己的言行，不翻别人的东西。乱翻别人的东西是在侵害被翻同学的隐私权，这样做既是对被翻同学的伤害，也是对自己道德荣誉的污染。

抢夺手表

情景再现

晶晶今年 13 岁，她生来瘦弱，个子在班级一直是最矮的，而且她的胆子很小，平时不爱说话，朋友也不多。

她生日时，妈妈送给她一块手表。这天，她戴着新手表去上学。同班的恶霸盯上了她的手表，放学后，几个同学把她围住了，"把手表交出来！"其中一个长得很凶的男生大声说。晶晶害怕极了，没办法，只好交出了手表。

小提示

在欺凌者人数偏少的时候，你要寻找他们的突破口，找准机会背着书包一路狂奔；在欺凌者人数偏多的时候，要大呼救命，寻求别人的帮助。被勒索后一定要告诉老师和家长，不说出去只会使欺凌者更加猖狂，让他们欺凌更多的同学，还会频繁地勒索你。

应对策略

1. 如果是第一次被勒索，你要表现得硬气一些，让他们知道你是个不好欺负的人。因为欺凌者第一次往往都是试探性的，看看你是不是一个软弱的人。

2. 在被勒索的时候，不要慌乱，要沉着冷静，从上到下仔细观察一下欺凌者，默默记住欺凌者的外貌特征和衣服特点，留意他们说话时候透露的个人信息，以便事后报警处理。

3. 如果勒索人始终不让你离开，你可以尽量拖延时间，只要地方不是太偏僻，一般都会有人经过的，看见有人经过，一定要大声呼救，趁勒索者分神的时候，迅速转身逃跑。

4. 回到家后，一定要跟父母如实地讲述被勒索的情况，及时报警，给警方提供勒索人的特征等有用信息。

5. 事后，上学和放学尽量和几个要好的同学一起走，不要落单，夜晚不要单独出门。

选一选

如果被其他同学勒索钱财，你会选择怎么做？（   ）

A. 很害怕，花钱买平安，谁也不告诉

B. 不知道怎么做

C. 保存证据，事后向老师和家长反映情况

D. 以暴制暴，打到他退缩为止

被强迫化丑妆、拍照

情景再现

这天晚上，涵涵回到宿舍后，看到其他舍友正聚在一起研究着什么，舍友看到她进来后，立刻停止了讨论。其中高个子女生走到涵涵身边，对她说："涵涵，我给你化妆吧。""不，不用了，我……"还没等到涵涵说完，其他几位舍友就把她控制住了。高个子女生拿着化妆品，在她的脸上一通乱化，化完后还拿手机拍了几张照片。

小提示

平时不要随便让其他人给你化妆、拍照，也不要把自己的照片随意传到网络上。如果发现自己的丑照被人发在了网上或者发给了别人，一定要立刻采取行动，联系网站的管理人员，要求他们删除照片。

应对策略

1. 不管情况如何，首先自己要冷静，不能慌张，慌张只会让对方更加嚣张。

2. 如果欺凌者要给你化丑妆拍照，你可以盯着他的眼睛，声音有力地对他说："请停止你的欺凌行为！"记住，声音一定要洪亮有力，不要让声音听起来好像下一秒就要哭了，也不要让别人听出来你的愤怒或不安，更不要呜咽。

3. 可以向老师或校长提出换班，远离那些欺凌者经常出没的地方。

4. 如果欺凌者把照片传到了网络上，对你造成了一定的伤害，那么你要立马找到欺凌者，让其删除。如果他不愿意，你可以联系网站的管理人员，让其帮忙删除。

5. 可以选择把欺凌事件报告给老师和学校，让他们来处理。情况严重的话，要保存好截图，以便报警求助。

6. 遭遇欺凌后，可以用自嘲或幽默的方式来减弱自己不安的情绪，也可以和自己信任的人积极交流，千万不要把事情闷在心里。

语文书变成了纸飞机

情景再现

课间，薇薇去了一趟厕所，等回来时，她刚推开门，一个纸飞机就射向了她，正好砸到了她的头。她捡起来，发现这是语文书的内文，等她看清书上的字迹时，她傻眼了，这是她的语文书。薇薇急忙拿着纸飞机回到座位上去找语文书，却发现她的桌子上堆满了纸飞机，她的整本书都被人撕掉折成了纸飞机。

小提示

平时培养自己比较坚强的性格，这样，遇到校园欺凌时，才能不畏惧，敢于直接面对，让对方不敢放肆。用正义的武器维护自己的合法权益，而不是和对方发生正面的冲突。尽量结交一些比较可靠的朋友，这样可以减少与欺凌者接触的机会。

应对策略

1.遇到欺凌者，可以采用远离和走为上计等方式避免被欺凌。平时不要和校园里面的不良分子混在一起。

2.见到欺凌者时，不要怕他，因为欺凌者就喜欢欺负看起来弱小的同学，你越是表现出怕他的样子，他就越喜欢欺负你，当然也不要去激化矛盾。

3.如果你遭遇了欺凌，对方很多人，你是自己一个人，就要迅速逃跑，跑到人多的地方，如传达室、老师的办公室等，然后寻求他们的帮助。

4.当对方是一个人的时候，你要明确你的态度，理直气壮地斥责他："不要破坏我的东西！"

5.学生在学校里被别人欺负，学校是负有责任的，因此，一旦遭到了欺凌，应该找到老师和学校帮助处理。

6.不要让欺凌事件影响自己的学习，要记住，别人欺负你不是你的错，而是他的错。

言语欺凌

被同学贬低

 **情景再现**

在学校，大卫总是针对苏菲，嘲笑她，不管苏菲说什么，大卫都会抓住一切机会来贬低她，尤其是在苏菲的朋友都在场的时候。苏菲只能躲着大卫，可是这样一来，苏菲也不得不失去她的一些朋友。现在，苏菲变得

情绪低落，并且开始自我孤立了。苏菲和妈妈说了这件事，妈妈告诉她，大卫的行为是一种欺凌行为，他是在用贬低性的语言来显示自己的力量和控制感。而苏菲的朋友其实在充当"旁观者"的角色，因为她们清楚地知道欺凌正在发生。

 **小提示**

如果你看到有人被欺凌，那么请不要袖手旁观，更不能鼓励，要报告给老师或者你信任的人。如果欺凌非常严重，一定要及时报警。

应对策略

1. 如果被同学贬低，可以选择转身离开，不要冲动，不用去理会他们。你无法改变别人，但你可以调整自己，把自己变得更大方、更豁达。

2. 面对同学的贬低，可以笑一笑。在学校被贬低并不代表你就真的一无是处，也不代表你无法在以后的生活中走向成功。所以，不要让贬低左右了自己，影响了自己的情绪。努力让自己变得强大，不仅是身体上的强大，还有内心上的强大。

3. 当别人贬低你的时候，要冷静，不要冲动，你可以选择正面面对，但不能对骂。你可以盯着他的眼睛，大声呵斥他，让他看出你是生气的、严肃的。

恐　吓

情景再现

今年元旦前，家长得知小辉经常从家里偷拿钱"进贡"给副班长强强，几个月的时间已有数千元之多。原来强强被班主任授予检查作业和监督背书的权力，如果不给钱或者钱没给够，强强就不给通过检查，班里很多同学都在向强强"进贡"。

小提示

根据统计表明，很多欺凌者的行为是"习得的"，与家庭以及生活环境有关。欺凌者往往思维方式有一定障碍，缺少同理心。上述故事中的欺凌者长大以后，面临更高的物质滥用风险，更易产生犯罪行为。

应对策略

1.面对一些特定人员的威胁，可以想办法联络身边的同学和朋友，大家步调一致。欺凌者很难从团体中挑出单个对象来欺负。

2.欺凌者习惯欺负那些缺乏自信或自卑的人，所以要让自己强大、自信起来，这才是解决问题的根本。

3.遇到以自己能力无法解决的事情，主动寻求成人的帮助永远是最有效的方法。

4.如果威胁、恐吓已经困扰了你的生活，要注意留存对方恐吓你的证据，包括电话的录音或者短信、信件等内容，这样在交给警方处理的时候，也是有理有据的。

被嘲笑皮肤黑

情景再现

暑假的时候，乐乐去海边度假了，回来后他的皮肤比其他人黑很多。开学后，同学给他起绰号叫"小煤球"。有个同学邀请他去家里玩，他们把灯关掉了，然后笑着说："嘿，小煤球，把牙露出来，这样我们才能看到你啊！"乐乐也跟着他们一块笑了，但是他的心里却是难受的。

小提示

暴力欺凌对身体造成的伤害是看得见的，但语言的欺凌对心灵造成的伤害是无形的，是无法预测的，甚至是无法弥补的。如果被别人嘲笑了，可以与当事人进行积极的沟通，毕竟他们的嘲笑、讥讽可能会让你的名声受到损失。

应对策略

1.面对嘲笑，首先要保持冷静，可以向对方说出你心里的感受，让他们知道你内心的真实想法，对那些嘲笑你的人勇敢说："我不喜欢你这样！"同时要减少和这样的同学接触，尽量避开他们。

2.面对同学的嘲笑，你可以摆出不在乎的姿态，只要自己不在意，时间长了，同学自觉无趣，就不再发生了。

3.如果自己实在无法解决这个问题，可以将此情况告诉老师、家长等自己信任的人，让大家帮助解决。

4.千万不要把难过的情绪憋在心里，找个知心朋友倾诉一下。当我们把一切都说出来的时候，其实就没什么了。

被造谣是同性恋

📝 情景再现

　　壮壮今年读初中二年级，他是一个学习特别好的学生，每次考试都会考班级前三名。他和同班同学明明住在一个小区，每天上学和放学都一起走。最近，有一些关于他的不好谣言在班级里流传，有人说他是同性恋，说他正在和明明谈恋爱。壮壮听到这个谣言后特别困扰。这几天，他吃不好，睡不好，甚至上课时都没法认真听老师讲课了。

📢 小提示

　　不要试图做过多的解释，人们一旦对某一件事情有了既定的印象之后，往往都会坚持自己初始的想法，所以很多时候你越去解释反而会越抹越黑，那么不如不去解释，时间总会证明一切。

应对策略

1.如果有人散播谣言，要置之不理，不要回应，不要轻举妄动或采取报复行为。

2.如果只是一般的八卦行为，坦然面对，付诸一笑即可。可一旦发现有人恶意胡编乱造，那么就要把这个源头找出来。

3.清者自清，谣言止于智者。只要一些谣言没有影响到你的学习和生活，你就没必要为之生气、寝食难安。你越是生气，造谣的人就越高兴。

4.找到欺凌者，跟他坐下来谈谈，问清楚为什么要传播关于自己的谣言，并且告诉他当前的造谣已经影响到了自己的生活，请他自重，停止散播谣言。

5.转移注意力，将重心放在家人和学习上。或者多参加集体活动，融入人群，让别人了解到真实的你，谣言自然不攻自破了。

6.如果事情非常棘手，给你造成了非常恶劣的影响，必要的时候可以提起民事诉讼，用法律的武器维护自己的合法权益，消除造谣事件对你造成的名誉损害。千万不要以牙还牙，一报还一报。

被小霸王盯上了

情景再现

冬冬是个安静的孩子，跟班级里的同学也很少沟通。他不是不喜欢大家，只是觉得与人太亲近，他会觉得不舒服。因为总是独来独往，最近他被学校的小霸王盯上了，经常让他买东西，还不给他钱。最开始是一两块钱的水或者零食，这几天，小霸王开始让他买十几块钱的东西了。这天，他又被小霸王叫了过去，"给我买一斤核桃。"冬冬摸了摸口袋，他只有十块钱，而一斤核桃要几十块钱，冬冬犹豫了。小霸王站起来，坏笑道："怎么？不想去买吗？不买也可以，过来让我揍一顿。"说着他朝冬冬扑过来，冬冬吓得撒腿跑开了，此刻身后传来一阵嘲讽的笑声。

小提示

当自己遭遇恶霸欺负或见有人被欺负时，不要忍气吞声，不要害怕，要保持冷静，勇敢地向欺凌者说"不"。如果被人威胁、恐吓，要注意留存对方恐吓你的证据，包括电话的录音或者短信、信件等内容。

应对策略

1.要学会分清哪些事情可以去帮忙，哪些事情要拒绝。帮忙可以，但不能总是帮，这样会纵容他的，你要适当地拒绝他，要让他明白你不是他的佣人。

2.被人威胁时，要态度强硬，绝不理会。欺凌者就是仗着你胆小怕事才威胁你的，你态度强硬，他自然从心理上弱了几分。

3.不要同意无理的要求。威胁你时他们的内心也是胆怯的，你不能答应他的任何条件，一旦你立场动摇，他的气焰就会更嚣张，自然会要求更多。

4.如果是一些不痛不痒的威胁，你可以不用理会，不必跟他斗智斗勇，你的时间是宝贵的，努力学习是正道，他看到没有利益可图自然就放弃了。

5.如果受到暴力伤害，一定要及时告诉老师或向警察报案。不要给欺凌者留下你很好欺负的印象，如果一味地纵容他们，最终只会导致自己频频受害。

被诬陷偷了同学的东西

情景再现

这天早上，米果像往常一样去上学，她刚走进教室，就感觉到班级的氛围有些不对劲。同学们看着她，三三两两地讨论着什么。她听到有个女生说："哟，这不是小偷吗？脸皮这么厚，偷完东西还敢来上学呢？""我什么时候偷东西了？"米果疑惑地问。"别狡辩了，大家都说洋洋的钱包是你拿的。"一个男生不屑地说。原来，洋洋的钱包丢了，有人诬陷是米果偷的。

小提示

当你被人诬陷时，你可以找到陷害你的人，问一下他为什么要诬陷你，有什么目的。让他拿出你偷东西的证据，如果涉及金额巨大，并且他伪造了证据，那么你可以找老师或者报警处理。

应对策略

1.如果你被人诬陷偷东西，首先要冷静下来，情绪不要过激，要相信清者自清，然后把这件事告诉老师，让老师调取监控录像。

2.找到自己不在场的证据，可以让当时和你在一起的人给你做证。切记，情绪不要激动，要记住身正不怕影子斜。

3.你可以让诬陷你的人拿出证据来，证明东西是你偷的，如果拿不出证据，并且这件事对你造成了很严重的影响，那么你可以告他诽谤，让他赔偿你的名誉损失费和精神损失费。

4.熟悉你的人自然是相信你的，他们不会因为别人的诬陷而去误解你。做好自己，相信自己就好了。

5.调整好心态，不要因为这件事对自己的学习和生活造成困扰，既然自己没有做，就不要去管别人怎么说，时间会证明一切。

被嘲笑脸上有痘痘

情景再现

正在读初三的小黄最近进入了青春期，脸上长了很多青春痘，因此招来了同学的嘲笑。语文课上，老师让分组讨论问题，小黄刚要坐到小组里去，其中一个男生嫌弃地说："你离我远点，你这脸是毁容了啊！我有密集恐惧症，你离我这么近，我会吐的。"小黄听到这话后，低着头，回到了自己的座位上。

小提示

别人嘲讽你，只能说明是他们素质不高，不要因此给自己太大的心理压力，不要反复去想别人对你所说的话或者所做的事情，这样会让自己更加烦恼。要学会自我调解，多做一些喜欢的事情，把嘲笑变为自己的动力，努力让自己成为一个更加优秀的人。

应对策略

1. 如果因为相貌被人嘲笑了，别在意别人说的话，要保持好心情，不要愤怒和悲伤，不要为了别人的一句话而改变自己，做自己就好。

2. 如果被人嘲笑了，不要理会欺凌者。平时避免和这种人打交道，防止这种人靠近。

3. 如果有人嘲笑你，你可以盯着欺凌者的眼睛，大声呵斥他，让他看出你是生气的、严肃的，这样他就不敢嘲笑你了。

4. 自信点，欣赏自己的优点，多学习实践，提升自己的内在能力，忽略外在表象，让自己具有某一方面的特长。每个人都有自己的发光点，让自己时刻充满正能量。

5. 平时交友需谨慎，和那些尊重你的人交朋友，多结交有正能量、积极、上进的朋友。

6. 平时不要嘲笑同学的相貌，因为每个人都有自己的长处和短处，不要总盯着别人的短处而忽视了别人的长处。

没妈的孩子

 情景再现

大杨的爸爸和妈妈在他很小的时候就离婚了，他和爸爸生活在一起，每次学校有什么活动，都是爸爸来参加。最近，他听到了一些关于他家人的不好言论，一个女生问一个男生："你见过大杨的妈妈吗？""没见过，他是没妈的孩子，我怎么可能见过他妈妈呢？"男生回答说。大杨听到这些话后，十分生气，他摔下课本，跑出了教室。

 小提示

千万不要因为被同学嘲笑就闷闷不乐，把苦楚都憋在心里，压力是需要释放的，但不要把自己的不快乐带回家或者发泄在无关的亲人或朋友身上，这样会增加自己的痛苦，可以跟亲人倾诉自己的痛苦，这样痛苦会减半，也可以听听音乐或散步，又或旅行一下，放松心情。

应对策略

1.面对别人的嘲笑，不要冲动，保持冷静，可以向欺凌者说出你的内心感受，正面直视地对他说："请你不要这么说！我不喜欢这样！"

2.面对嘲笑，可以选择暂时离开，避免爆发冲突，你可以摆出不在乎的态度，只要自己不在意，欺凌者就会觉得无趣了。

3.当你表达了自己的心情后，他们依然嘲笑你，那可以寻求老师的帮助。千万不要自己采取以暴制暴的行为，避免造成不必要的冲突和矛盾。

4.如果欺凌者的嘲笑对你造成了很恶劣的影响，那么你可以选择走法律或司法程序。

5.校园欺凌事件后，如果在心理上出现害怕上学、害怕出门、交友焦虑等情况，需要及时就医。

被散布谣言得了传染病

情景再现

乐乐是班级里的开心果，很有亲和力，大家都喜欢围在他身边，特别是午休的时候，一起吃吃饭，一起聊聊天。可是最近午休时候主动来找他的同学越来越少，只有小李和他一起吃饭了。乐乐虽然也觉得奇怪，但并没有多想。这天中午下课后，连小李也没有来找他。乐乐独自往学校食堂走。路上，他看到几个熟悉的同学围在小李身边，其中一个人说："以后不要和乐乐一起吃饭了，他有传染病，你还不知道吧？""谁有传染病？"乐乐气得大声嚷着，几个同学尴尬地散开了。

小提示

不去理会制造谣言的同学，做好自己该做的事。因为你越激动，越去辩解，谣言可能越会被人信以为真。相反，如果采取冷漠无视的态度对待，那些散播谣言的人也就会觉得没意思了，这样，孤立并排斥自己的现象也不会再出现。

应对策略

1. 面对谣言，不要紧张，不能自暴自弃，千万不要因为谣言而影响了自己的生活与情绪。你可以把心中的委屈告诉给朋友、家人，在他们那里找到安慰。

2. 找到传播谣言的当事人，跟他坐下来谈谈，问清楚他为什么要传播关于自己的谣言。

3. 找到一个合适的机会，在公开场合，把整个事情的来龙去脉澄清一下，这样不仅可以得到大家的认可，而且不会给那些造谣者辩解的机会。

4. 多参加集体活动，融入群体，让别人了解到真实的你，时间长了，谣言自然不攻自破。

5. 如果谣言很严重，建议你用法律保护自己，以免因为谣言影响了你以后的生活，或是直接找到校方领导通过校方澄清此事。

6. 我们每个人都可能是八卦的传播者，同样，我们也都有可能成为八卦流言的受害者。所以，要从自身做起，做生活的智者，让谣言止步于当下。

被嘲讽家里穷

情景再现

李明的家庭很困难，但是他刻苦学习，在学校颇受老师的喜欢，被老师选为班长。他经常要帮助老师做些辅助性工作——检查同学的作业。一次，他看到王同学的作业有错误，就对他说："你下次认真点，这么粗心可不行啊！"王同学听了直接不屑地说："管你什么事儿？穷鬼，就凭你也配说我吗？"

小提示

当别人嘲讽自己的时候，不要试图与他们争论。争论是无济于事的，反而会让自己陷入到更深的矛盾中去。可以选择转身离开，不要与他们打交道，更不要在意他们的评价。

应对策略

1.当遇到有人嘲讽你的时候，不要冲动，不要恼羞成怒，那样会招来更多的嘲讽以及围观。

2.可以通过交流，让对方停止继续嘲笑你的行为。向对方说出你心里的感受，让他们知道你内心的真实想法，并告诉他们不要再嘲笑自己。

3.被人嘲讽、瞧不起不是最坏的事，最坏的是我们自己陷入自卑的泥沼，自己瞧不起自己。所以不要在意别人的看法，要树立自信。

4.千万不要因为有一点被人瞧不起，就全盘否定了自己的一切。被嘲笑并不代表你就真的一无是处、招人讨厌，也不代表你无法在以后的生活中走向成功。静下心来，想一想自己有何特长、有何兴趣爱好，努力提升自己，让自己变得更加优秀。

5.不要介意那些对你不太重要的人的态度和做法，因为真正的朋友是不会嘲讽你的。寻找一些志同道合的人做朋友，当别人嘲讽你的时候，有几个真正关心你的朋友就够了。

隐蔽欺凌

书上的留言

 **情景再现**

岳岳是个非常要强的孩子，学习成绩始终是年级的前几名，唯一让他头疼的就是自己的个子很矮，而班里的同学总是以此来取笑他"小不点儿"。一天，他翻开英语课本，发现课本扉页上写着几个大字："滚回小学吧，小不点儿！"岳岳看到后，心里很难受，但他还没准备好直接采取行动，他不想和同学正面冲突，因为那样事态可能会失去控制。

 **小提示**

遭到欺凌时，你要勇敢、坚定而且明确地告诉欺凌者停止他们的行为，不是大声喊叫，也不是低声细语，而是用坚定有力的语气来回应。有些欺负行为是为了取乐，如果看到被欺负的人如此强势，欺凌者一般都会无趣地离开。

应对策略

1. 如果仅仅是口头或者书面上的欺凌，可以不用理会那个欺凌者，因为有时候欺凌者在得不到回应或是被欺凌者并没有因此而担惊受怕的情况下就会失去兴趣，事情就过去了。如果情形继续，你可以告诉欺凌者，他给别人带来的感受是什么，并且要求他停止粗暴行为，有些侵犯者会因此收敛或停止自己的错误行为。

2. 把糟糕的情境开成玩笑，可以有效缓解情境的尴尬。可以说"随便你！""好吧，只有你这么想。"你的幽默不但可以化解尴尬，还可以表现出你的大度。

3. 受到欺凌后，心情自然会受到一些影响，要注意积极调适、调整，过去的事就让它过去，不要总是反复纠结。平时可以多一点户外运动，多与他人交流、谈心。严重的话，要尽快咨询心理医生。

作业本上的漫画

情景再现

数学课上，老师正在检查作业，等检查到小强的时候，他捂着书包，不愿意拿出来。原来，在课间休息睡觉的时候，他的作业本不知道被谁画上了漫画，图画中的他拿着一泡屎，笑容满面。老师觉得很奇怪，便问道："你的作业本呢？"小强低着头，小声说："老师，我的作业本被人涂鸦了。"

小提示

当遇到校园欺凌时，害怕是没用的，欺凌者大都是遇强则弱、欺软怕硬的，所以你要表现出强硬的态度，大声警告对方，他们的所作所为是错误的，这样他们会知难而退，而且洪亮的声音可以起到一个震慑的作用。

应对策略

1. 如果遭遇书面欺凌，要保持沉着冷静，不要有"以暴制暴""以牙还牙"的心理。

2. 被欺凌了不要懦弱，要正当合法并且有效地保护自己。可以和欺凌者谈一谈，让其知道他的行为给你带来的伤害，让他停止欺凌行为。

3. 如果知道谁是欺凌者，一定要大声地抗议并进行合理的反击。

4. 如果校园欺凌行为较为轻微，或对你的伤害很小，那么你可以通过老师、学校或教育行政主管部门协调的方式解决。

5. 如果校园欺凌行为造成的后果较为严重，那么你应保存好证据，及时向公安机关报案。

6. 平时在学校里要和同学友好相处，多交些朋友，注意在和同学或校友交往中不要过于争强好胜。

我们是朋友

情景再现

娜娜喜欢交朋友，她有很多朋友，她喜欢待在集体里的感觉，这让她觉得很安全。开始时，一些朋友是她喜欢的、自己主动结识的。再后来，朋友的朋友，也变成了自己的朋友。虽然有时候这些朋友说的话或者做的事情，娜娜并不喜欢，不过她总是觉得一定是自己太敏感或者想法太偏激。大家都是朋友，应该改变自己适应朋友。可接下来，情况更糟了，这些朋友竟然要自己跟他们一起逃课，还带着自己去酒吧。这不是娜娜想要的，她慌张地逃走了。她觉得她彻底失去了朋友。

小提示

真正的朋友绝对不会让你难堪，更不会把你带到危险中。真正的友谊不仅是志同道合，更会让你变成更好的自己。如果在一个群体里你感到不适，勇敢地离开虽然很艰难，但却是最棒的选择。

应对策略

1.对于不良朋友圈，离开是最好的选择，虽然这样做暂时会让你觉得离群，感到孤独，不过为了所谓的归属感而忍受隐性欺凌是不值得的。

2.脱离一个固定朋友圈的孤单是暂时的，你可以趁这个时间联系彼此关心、共同奋斗的老朋友，也可以扩展自己的朋友圈，结交一些志同道合的新朋友。

3.把自己从压力中抽离出来，要知道尽早离开不良朋友圈并不是坏事，而是你做的最明智的决定。厘清自己的兴趣所在，以此扩展自己的朋友圈。

用下面的方法，帮你找到真正的朋友

请你想出一个你欣赏的人，可以是家人、亲戚或是同学，并从下面的表格里选出你觉得这个人所具备的三个品质。然后想一想，你身边有没有人拥有这三种品质中的至少两种。如果有，他们就是你应该选择的朋友。

果断	乐观	可靠	有创造力	慷慨	坦率	开朗	敢于承担责任	善于交际	有同情心	善于听取别人意见	有爱心	真诚

他是大家取乐的对象

情景再现

阳阳是转班生，来到新班级的第一天，他就感觉到有点不对劲。课间，他去饮水机接水，身后总会站一群人，他都不知道他们是什么时候站在那里的，他一转身，他们就四散跑开了。他能听见他们偷笑、窃窃私语，好像在指着他取笑一样。阳阳觉得自己像被展示的商品，特别不舒服。

小提示

旁观者在欺凌干预中可以起到相当大的作用。旁观者往往并不知道自己的力量有多大，他们以为自己只要袖手旁观就可以了。但实际上，旁观者如果能够发声，将会对欺凌者产生巨大的震慑作用。

应对策略

1. 学校有责任保护学生免受欺凌，如果遭遇欺凌，可以向学校提出换班，远离那些捣乱的学生。还可以向学校建议，让学校出示或制定相关的政策，给全校师生开展相应的教育项目，让大家学习关于欺凌的知识，学会以积极的方式与人相处。

2. 平时在学校参加校园活动的时候，主动远离那些欺凌者。

3. 欺负你的人可能还会欺负别人，如果你知道其他同学也有同样的遭遇，跟他们讲讲你的感受，看看他们对面临的窘境有什么话要说。大家团结起来，互相支持。欺凌者喜欢一段时间只欺负一个人，他们通常不会欺负一组人。

4. 对付欺凌最好的办法是勇敢地站出来捍卫自己。当欺凌者觉得对你不再构成威胁时，就会失去攻击你的兴趣。

5. 遭遇欺凌后，要尽量尝试着表现得和平常一样，自嘲或幽默地调侃会减弱不安的情绪，或者跟自己信任的人积极交流。要把注意力放在个人和情绪管理上，罗列出积极的目标，并且努力实现它们。

被排斥了

情景再现

今天是初一开学的第一天，朵朵非常期待有一个好的开始。她想要尽快认识新同学，交到好朋友。课间，她去操场散步，她看到梅梅和一个女生坐在一起，想也没想就径直走了过去。"嗨！"她站在梅梅旁边，冲她打了个招呼，可是梅梅连头都没回，只是继续和朋友聊天。

朵朵看到椅子上还有一个位置，刚要坐下，另一个女生立刻把校服放到椅子上，"这里没位置了，你去其他地方坐吧！"朵朵知道，她应该是被排斥了。

小提示

如果发生被集体排斥的事件，你应该退后一步，从更全面的角度来审视一下这个问题。你要想一想，你是不是真的想要融入到这个圈子，你可以先想想他们每个人的性格，他们和你匹配吗？他们的言行让你感到舒服吗？他们会做你平时喜欢做的事情吗？

应对策略

1.寻找自己被同学排斥的原因，并及时补救或改正。如果自己不论到什么样的群体里去都不太受欢迎的话，那么问题就是出在自己身上，要客观地审视并省察自己，找出自己身上的不足之处。

2.可以与同学多进行沟通交流，了解别人眼中的自己，或者直截了当地去询问同学，搞清楚自己被孤立的原因。

3.不要因为一时被排斥而过于失落悲伤，因此影响到自己的身体状态或学习成绩等，被排斥说明别人还不够了解你。

4.生活中许多事情并不总会按照你想象的样子发展，你可以首先学着做自己的朋友，积极的自我对话会对你有所帮助，同时礼貌友好地对待周围的人，努力把每一天都过得有意义。

被捉弄了

情景再现

小黄已经不记得大家第一次捉弄他是什么时候了，反正初中三年大家都习惯拿他开玩笑。上周，他找不到自己的文具盒了，原来是有人从他的书包里把文具盒拿走，藏在了男厕里。今天中午，有人拿走了他的午饭，他也不知道他们把午饭拿到哪里去了。他翻书包找的时候，有好几个人站在他旁边看着，他一度以为是自己忘带了，结果他们笑起来了。

小提示

有些欺凌者往往会找一些平时沉默寡言或者不太合群的学生进行欺凌，因为这样的学生不会有什么帮手。所以应当试着要自己多融入到同学群体中，多交一些良友，不要自己单独行动。

应对策略

1. 如果被同学捉弄，可以让他知道你的真实感受，告诉他们不要再继续这样的行为了，你可以这样说："你真的觉得这有趣吗？真是无聊极了。"

2. 相信你内心的感受，别人觉得那是玩笑，不代表你也应该觉得那是玩笑。你可以让大家知道，他们的所作所为已经构成了欺凌。

3. 如果涉及到暴力，记住一定要保护好自己，及时告诉老师，必要时还要报警处理，不要妥协。

4. 当看到别人被欺凌时，不要保持沉默，装作没看见，这会给被欺负的同学造成很大的心理冲击。大多数旁观者其实根本意识不到自己的行为构成了欺凌的共犯。如果是在校园内遇到欺凌事件，你可以上前制止或是寻求老师的帮助。在校外，可以打电话报警求救。

被室友孤立

情景再现

以前安迪经常和舍友一起去吃饭，一起去图书馆。可是最近，他们去做什么都不带他了。一天，安迪要去图书馆，他对舍友们说："一起去图书馆吧。""不去了，你自己去吧。"等安迪在图书馆看了一会儿书后，他看到他的舍友们都来了。这时，安迪才发现，原来自己被孤立了。他决定要找个机会问一下，自己为什么会被孤立。

小提示

如果发现自己被孤立，那么首先要做的就是静下心来去分析被孤立的原因，如果是因为某一具体的事件之后发生的孤立，反省一下自己在事件中的所作所为是否有不妥。如果有，那么找合适的时机坦诚道歉；如果自己没有错，那么就不用放在心上，也不用让这种孤立影响到自己的心情，自己该做什么做什么，等过段时间事情淡化了，这种孤立自然而然就过去了。

应对策略

1. 你先要确定是否是自己过于敏感了，也许只是因为你性格内向，与大家交往不多，所以产生了被大家孤立的感觉；如果是这样，鼓励自己，开朗大胆一些，多主动与同学交往，积极参加班级活动。

2. 你可以坐下来与同学们进行沟通，了解他们为什么要孤立自己，看看你有什么不足或你们之间有了什么误会。

3. 不要因为一时被排斥而过于难过，因此影响到自己的身体状态或学习成绩。一定要保持乐观开朗的心态，增强自信心。

4. 当受到不公平对待时，不要默不作声，要适当去反抗，表达出自己的不满，摆出道理与人辩解。

5. 如果同学们对你的孤立发展到暴力的地步，一定不要忍气吞声，遇到这种情况，你的软弱只会让他们变本加厉，要及时告诉老师和家长，必要时可以报警处理。

通讯欺凌

收到了匿名骚扰短信

✏️ 情景再现

最近，小兆经常收到一些匿名的骚扰短信。这群人连名字都不留，她完全不知道这些短信是谁发的。有的时候是几个字，有的时候是长长的一篇。小兆不知道为什么有人要骚扰她。她开始审视学校里的朋友，但她不能直接问她们，只能悄悄找出到底是谁发的短信，这让她变得疑神疑鬼。

📢 小提示

如果收到骚扰短信或邮件，你可以根据需要设定接听电话或接收短信的时间，并用白名单限制可以给你拨打电话的人。你是手机的主人，你有权随意设置你的手机。

应对策略

1.当你收到匿名骚扰短信的时候，产生焦虑是非常正常的。你可以选择屏蔽发信人，他们很快就会发现你并没有被信息打扰到，也就会感觉到无趣从而不会继续发了。

2.如果你不想看到那些短信，可以选择关机，或者以轻松平和的语气把骚扰短信转发给朋友们，并附上一些类似这样的评论："你们看看我收到了什么，真没想到居然有人做这么低级的事情。"这样不仅表明这些信息对你来说一点儿也不重要，而且你的朋友们也会受到你的影响，感到发匿名短信是一种非常讨人厌的行为。

3.被短信骚扰，要清楚这不是你的问题，是欺凌者的问题，你要遵从内心的智慧，把握好自己的生活。

烦人的短信

 **情景再现**

　　米果成绩优秀，特别是数学和物理成绩，更是任课老师们的骄傲。老师们经常以米果为榜样，督促其他同学们加油。这次，他又被老师推荐，代表学校去参加物理竞赛。这本是一件让人高兴的事情，可最近米果却很困扰，甚至没有心思准备马上要到来的比赛。

原来，米果总是在晚上收到一些骚扰短信："你就是老师的哈巴狗""爱翘尾巴的书呆子"……米果知道，这一定是有人故意干扰他准备竞赛，他本该置之不理的，可只要一收到短信，他就忍不住猜测到底是谁会做这样的事。米果已经无心准备比赛了，就连正常的课堂学习都受到了干扰，这可怎么办？

 **小提示**

　　虽然学校大多禁止学生在校使用手机，但手机已经渐渐成为学生们生活的必需品。孩子们在课余时间使用手机相互联系已经是再平常不过的事，这也使手机成为校园欺凌最方便和最隐蔽的媒介。手机是可以匿名的，被欺凌者很难找到骚扰自己的人。再者，别人可以随时联系到你，不管是在学校还是在家，白天还是黑夜，这更增加了干扰的强度。

应对策略

1.你可以根据需要限定可接听电话的时间段，并用白名单限制可以给你拨打电话的人。屏蔽掉与你无关的号码，控制手机的使用。

2.收到骚扰短信，当然会影响心情，甚至很困扰，但你要知道，如果你把这件事放在心上，就正好中了骚扰者的圈套。骚扰者没有勇气跟你正面交锋，才会采用这种卑劣的手段，这说明在你们的关系中，你本身就是强者，当然不应该被弱者打败。

3.把骚扰短信以轻松的方式展示给你身边的人看。一方面，可以让骚扰者知道，你并未因此受到影响；另一方面，也可以让身边的朋友感到发匿名短信是一种非常讨厌的行为，你为他们树立了榜样，提供了一种当他们遇到类似问题时可以参考的做法。

烦人的骚扰电话

📝 情景再现

晚上，佳乐睡得正香，突然电话响了，是一个陌生号码，他刚接起来，对方就挂断了。佳乐把电话扔回去，继续睡，不到两分钟，电话又响了。只要佳乐接起来，对方就会挂断电话，一晚上，佳乐手机的骚扰电话就没有断过，没办法，佳乐只能关机了。第二天早上，他把这件事告诉给了爸爸，爸爸说："你这是被人恶意骚扰了。"

📢 小提示

骚扰电话严重影响正常生活，如果接到骚扰电话，你可以通过使用手机安全软件进行手机骚扰拦截，也可以选择不接听电话。因为欺凌者就是想让你感觉到不舒服，你越激动他越高兴，所以你不去管他，他也就觉得没乐趣了。

应对策略

1.警告。如果有人给你打骚扰电话，你可以这样跟他说："以后请你不要给我打电话，影响我学习，有事请到学校再说吧。"到了学校，你可以坦诚地和他说清楚自己的想法，告诉他，他的行为影响了你的生活学习。

2.骚扰拦截。开启黑名单功能，屏蔽陌生号码来电。如果手机没有自带陌生电话拦截模式，可以通过应用市场下载第三方软件进行拦截。

3.举报。可以通过电话、网络、短信等方式向工信部举报骚扰电话。

4.寻求帮助。如果以上方法你都试过了，但他还是不停地骚扰你，你应该寻求老师的帮助，告诉老师你的烦恼，让老师找欺凌者谈一谈。

5.换个卡，防止骚扰。注意不要随便给别人留自己的电话，也不要去填太多没有用的表，避免被骚扰。

6.报警。如果对方是用骚扰软件对你进行不间断的恶意骚扰，那么你可以保存好通话记录，去派出所报警。

网络欺凌

收到了恶毒的私信

情景再现

木木长得白白胖胖，很可爱。最近他注册了微博账号，偶尔在微博上发布一些自己的照片，写一些对他来说很重要的东西，他觉得微博让他有机会表达自己的感受。他也经常去浏览那些和他有相似主题的人发布的照片，他们会相互鼓励，相互加油。可是，大概一周前，他收到了一条恶毒的私信："嘿，胖子，你怎么长得那么胖？"木木很懊恼，他开始犹豫要不要继续写微博。

小提示

网络上的恶评会令人情绪低落。为了让自己继续前行，可以试着改变由网络恶评带来的不良感受，还可以换个角度来看待网络欺凌者，其实他们的见识很有限，接触不到更优良的信息，他们自己也需要别人的帮助，这样一想你也许会感觉好很多了。

🌵 应对策略

1.保持冷静，不要为自己辩驳，不要琢磨着如何去反击，这样只会招致对方更加无理的谩骂。这样的拉锯战正是他们乐此不疲的游戏，只要能激怒你，他们的目的就达到了。

2.尽力主动屏蔽这类评论，在情绪上远离它们的影响，留给自己一定的空间，这样也许会获得不同的视角。

3.发恶毒私信的人有可能是网络暴民，他们常常在网上随意发布煽动性的言论，目的就是为了让别人难受。不要指望获得欺凌者的理解，他们的观点是你永远无法改变的。执着于改变他们，会让你丢失了原有的目标。

4.如果网络欺凌升级，记得求助网络管理员，他们会帮助你应对欺凌事件。

他收到了恶毒的邮件

情景再现

贝贝这几天忽然遭受了网络欺凌。贝贝的邮箱里，各种恶意攻击谩骂他的邮件层出不穷。

"你为什么骂我？"愤怒下，贝贝回复了一封邮件，但对方并没有就此停止，反而愈演愈烈。短短几天，贝贝收到的恶毒邮件越来越多。

贝贝整天猜测可能发邮件给他的人是谁，他感觉整个世界都失控了，白天上课也变得无精打采的。

小提示

网络欺凌固然可怕，但是当它发生的时候，一定要端正心态，正视网络欺凌，不要一味逃避现实，躲在屏幕后面哭泣。只有勇敢面对，采取应对措施，对网络欺凌说"不"，才能战胜网络欺凌。

应对策略

1.当网络欺凌发生时，可以向家长寻求帮助、举报不良评论或通过法律武器来维护自己的合法权益。

2.被恶毒邮件激怒或伤害时，无论发信息的是陌生人还是认识的人，都不要回复，可以屏蔽并举报骚扰者。

3.学习更多关于网络欺凌的知识，这样你就会明白，遭遇欺凌后，焦虑是很正常的反应。学习一些放松技巧，可以帮助你降低焦虑。

4.还可以更换或者注销账号，培养新的兴趣爱好来转移自己的注意力，暂时远离网络带来的压力。

5.如果网络欺凌严重侵犯了你的名誉权，严重影响你的正常生活，这时可以向法院提起诉讼。

恐吓邮件

情景再现

周末，瑶瑶在家上网。突然，邮箱提示音响了。她打开邮箱，发现有一封新邮件，而且发件人也没有写名字，她点开看了一下，上面写着："瑶瑶，你要是不帮助我中考过分数线，我就找人打你，让你全家都没好日子过！"瑶瑶读完信件后，吓得立马瘫坐在了椅子上。她叫妈妈过来。妈妈看了一下内容，把这封信件截图保存，然后拨打了报警电话。

小提示

收到恐吓邮件后，要认真看一下信的内容，如果对方提出了什么条件，千万不要轻易妥协，应该坚定自己的立场。现在是法制社会，恐吓威胁的行为是见不得光的。无论什么原因，总有解决的办法，要及时处理和解决，彻底杜绝后患。

应对策略

网络违法犯罪举报网站

1. 如果收到了恐吓邮件，不要慌张，可以在线向网警举报，也可以截图，保存好证据，去附近的派出所报警。

2. 收到恐吓邮件后，不要害怕和逃避，要第一时间告诉家长和老师，不要自己私自回复邮件。

3. 如果对方一直不停地发邮件骚扰你，你可以选择把他加入黑名单，但一定要注意保存好证据。

4. 如果对方有打击报复的倾向，建议你在生活中注意多留点心，尽量选择光线充足、有监控设备或者行人多的道路出行，避免夜间独自一人外出。同时，回家的时候，注意随手锁门，不给别人可趁之机。

吐槽的网页

情景再现

　　米飞的爸爸妈妈在他很小的时候就离婚了，他一直和爷爷奶奶生活在一起。每次学校开家长会都是爷爷奶奶去参加。一次，家长会结束后，米飞回到家，心血来潮地在学校论坛上搜索自己的名字，看看会有什么。令他震惊的是，他发现了一个名叫"米飞吐槽页"的帖子，里面全都是关于他和他家人的调侃和吐槽，而且评论的内容也十分恶毒，这令他感觉糟糕透了。

小提示

　　网络欺凌是指匿名或使用网名的网络用户在网上发布恶意的言论，煽动歧视、偏见、仇恨等极端思想的行为。网络欺凌造成的破坏几乎是不可弥补的，它会对人造成巨大的心理伤害，影响人的健康发展和成长。遇到网络欺凌，最好的做法就是向网络管理员举报，请求删除相关的页面。

应对策略

1. 如果遭遇网络欺凌，不要以牙还牙或采取报复行为，要保持冷静与自信。网络欺凌行为大部分是骚扰、威胁、隐私侵害和跟踪，它们都有悖网站或互联网服务供应商的"服务条款"。你可以针对相关服务条款进行投诉，以暂停或终止网络欺凌者对互联网的访问权。

2. 如果知道谁是欺凌者，那么一定要切断与这个人的联系，不要回复他。及时告知老师或家长，也可咨询青少年心理咨询和拨打法律援助热线电话 12355。

3. 如果有人在网络上扬言威胁你，并谈论要对你使用武器或者工具等，这时要截好图，必要时，可以报警求助。

4. 平时要注意不随意上传个人信息，注意保护私人信息，不随便添加陌生人为好友，谨慎将个人或家庭资料上传网络。

她被偷拍了照片

情景再现

　　莎莎和莉莉是好朋友。一次，在宿舍莎莎准备换衣服睡觉的时候，莉莉偷拍了一张照片。第二天早上，莎莎一进教室就感觉有点不对劲。她刚刚在门边露出头来，教室里的嬉笑声就一下子停止了。她发现所有人都在看她。"到底出了什么事？"最终，莎莎忍不住问她的同桌。"你换衣服的照片被传到论坛上面去了。"莎莎立马知道了这是莉莉做的，她走到莉莉跟前，对莉莉说，她打算把这件事报告给学校。

小提示

　　如果你发现你的照片被人发在了网上或者发给了别人，一定要立刻采取行动，联系网站的管理人员，要求他们删除照片。

应对策略

1.平时不要随便让其他人给你拍照，而且不要把自己的照片随意传到网络上。

2.平时要增强隐私保护的意识，不要轻易在网络上泄露自己的个人隐私或是联系方式。

3.如果有人散播你的照片，要立马找到当事人，让其删除。如果他不配合，你可以联系网站的管理人员，让其帮忙删除。

4.及时把这件事报告给老师和学校，情况严重的话，可以保留留言和聊天记录等信息，以便报警求助。

填一填

网络欺凌现状调查

1.你了解网络欺凌吗？

2.你在网络上遭受过他人威胁或恐吓吗？

3.你的隐私被泄露过吗？

4.你的照片被非法合成传播过吗？

5.遭受网络欺凌时，你请求过帮助吗？

被恶意p图

情景再现

　　这天晚上，磊磊躺在床上玩手机，他打开微信，看见同学们正在群里讨论着什么，他往前翻看聊天记录，有同学发了一张照片，当他看到这张照片的时候，整个人都呆住了。这是一张半裸体照片，头像用的是磊磊的照片，上半身裸露，下面穿着短裤。

　　这张图合成的痕迹非常明显，原图是网上流传较广的小男孩健身图，由于衣着暴露，加上磊磊的头像，难免让人产生误会。

小提示

　　网络欺凌是指利用互联网做出针对个人或群体的，恶意、重复、敌意的伤害行为，如果说传统校园欺凌是硬暴力，那么网络欺凌就是软暴力，涉及的范围更广、影响更大。预防网络欺凌，要从源头做好自我保护，平时不要把自己的个人信息分享到网络上去，要保护好自己的网络密码。

应对策略

1. 如果遭遇网络欺凌，要保持冷静，不要以暴制暴，可以屏蔽欺凌者，并向网站管理员或负责人投诉，让其删掉不好的言论或照片。

2. 如果你知道谁是欺凌者，那么可以把此人拉黑，并且改变你的帐号设置，让他在网络上无法搜索到你。

3. 如果有人在网络上对你进行严重的人身攻击，这时要截图保存好聊天记录并且及时到公安机关报警求助。

4. 遭遇网络欺凌后，要注意调整自己的心态，有心理问题及时与父母、老师交流沟通，或向专业心理医生寻求帮助。

5. 同时也要避免自己成为一个欺凌者，不曝光他人隐私，不制造与传播虚假信息，如制作合成图片或加上侮辱、诽谤性文字等。

图书在版编目（CIP）数据

中学生预防校园欺凌知识读本 / 杨静玲编著 . -- 长
春：吉林出版集团股份有限公司，2021.1（2024.1重印）
（中小学生生活知识普及读本 / 杨静玲主编）
ISBN 978-7-5581-9777-2

Ⅰ．①中… Ⅱ．①杨… Ⅲ．①校园－暴力行为－预防
－中学－课外读物 Ⅳ．① G634.203

中国版本图书馆 CIP 数据核字 (2021) 第 010882 号

中小学生生活知识普及读本

中学生预防校园欺凌知识读本
ZHONGXUESHENG YUFANG XIAOYUAN QILING ZHISHI DUBEN

编　著 / 杨静玲
出 版 人 / 吴　强
责任编辑 / 陈佩雄 孙　璐
封面设计 / 合心图文工作室
开　　本 / 710 mm × 1000 mm 1/16
字　　数 / 2 千字
印　　张 / 5
印　　数 / 5001—13000
版　　次 / 2021 年 1 月第 1 版
印　　次 / 2024 年 1 月第 2 次印刷
出　　版 / 吉林出版集团股份有限公司
发　　行 / 吉林音像出版社有限责任公司
地　　址 / 吉林省长春市净月区福祉大路 5788 号出版大厦 A 座 13 层
电　　话 / 0431-81629660
印　　刷 / 北京兰星球彩色印刷有限公司
ISBN 978-7-5581-9777-2　　　　　　定价 / 19.80 元